KB019418

글쓴이 | 김영란

경기도 용인에서 태어나 이화여자대학교에서 사회학을 공부했습니다.
지금은 어린이 책을 만들면서 동화와 그림책에 글을 쓰고 있습니다.
지은 책으로는 〈자장자장 잘도 잔다〉, 〈아주 작은 이야기〉, 〈빨을 따라 가 봐〉 들이 있습니다.

그린이 | 이민정

경남 통영에서 태어나 명지 전문대 일러스트 사이버 대학에서 그림을 공부했습니다.
지금은 고향에서 강아지 네 마리, 고양이 세 마리랑 함께 살면서 즐겁게 그림을 그리고 있습니다.
그린 책으로는 〈거인의 정원〉, 〈해와 달이 란 오누이〉 들이 있습니다.

출동출동 출동! 불자동차

글 김영란 | 그림 이민정 | 펴낸날 2013년 5월 20일 초판 1쇄 · 2021년 6월 10일 초판 8쇄
펴낸이 김상욱 | 본부장 GS본부장 | 편집장 | 출판개발실장 | 편집 | 출판영업실장 | 디자인실장 | 개발기획실장 김효성
아동콘텐츠개발팀 박혜영 | 출판디자인팀 지혜미 | 저작권 김미아 이미정
새활영업팀 이호욱 이정욱 | 교보문고 | 강태욱 이주석 최재우 박세희 김지윤
출판영업팀 박초롱 | 권오기 장재성 | 영업지 지나애 | 손소 상성
개발기획팀 이호욱 | 김상욱 유영사 | 이예솜 | 오은정 | GS지원팀 강수종 | 통무중 이호반 이나바 지은비 진호정 이유상
펴낸곳 (주)미래엔 | 등록 1950년 1월 | 02-3461-0726 | 주소 서울특별시 서초구 신반포로 321
전화 미래엔 고객센터 1800-8900 | 팩스 (02)541-8243 | 홈페이지 주소 www.mirae-n.com

ⓒ (주)미래엔 2013
ISBN 978-89-27-00506-1
978-89-27-00506-1 세트

이 책의 모든 권리는 (주)미래엔에 있습니다. 허락 없이 내용의 일부 또는 전부를 복사, 복제하거나 전산 장치에 저장할 수 없습니다.

⚠️ 사람을 향해 장난감 조각이나 불자동차 물약감을 담지지 마세요.

출동! 불자동차

Mirae N 아이세움

"삐뽀삐뽀!"
"부웅부웅, 빠빵!"
"애앵, 애앵, 애애앵!"
불자동차 여럿이 쏜살같이 달려가요.
맨 앞이 통합 지휘차 삐뽀,
그다음이 펌프차 슈슈, 사다리차 윙윙,
맨 뒤가 구급차 앵앵이에요.

고양이 아줌마네 부엌에서 연기가 나요.

펌프차 슈슈가 먼저 쏴아악 물을 뿌렸어요.

"야옹야옹."

저런, 이층에 아기 고양이들이 있어요.

사다리차 윙윙이 사다리를 위이잉 올렸어요.

아기 고양이들이 쪼르르 사다리를 타고 안전하게 내려왔어요.

"다친 데는 없나요?"

통합 지휘차 삐뽀가 물었어요.

다행히 모두 괜찮아요. 불도 금방 꺼졌고요.

역시 든든한 불자동차 친구들이에요.

불을 끄러 출동하지 않는 날엔 언제나 훈련을 해요.

통합 지휘차 삐뽀는 언제든지 출동할 수 있도록 미리 준비를 하고 있어요.

"슈슈, 슈우욱, 쏴아!"

펌프차 슈슈는 물을 뿜는 연습을 하지요.

"더 높이 뿜어 봐."

코끼리 소방관이 말했어요.

슈슈는 쏴아쏴아, 높이 더 높이 물을 뿜었어요.

"이번엔 더 멀리 뿜어 봐."
코끼리 소방관이 다시 힘차게 말했어요.
슈슈는 슈우욱 슈욱, 멀리 더 멀리 물을 뿜었지요.
그런 다음 물통에 물을 가득 채우는 것도 잊지 않았어요.

구급차 앵앵은 다친 사람을 안전하게 옮기는 훈련을 해요.
"자, 환자가 기다리고 있어요. 빨리빨리 달려요!"
염소 소방관이 말했어요.
앵앵은 재빠르게 달려가서 환자가 있는 곳에 도착했어요.
오늘은 고양이 소방관이 환자 역할을 하기로 했어요.

"자, 환자를 태웠으니 안전하게 달리세요."
염소 소방관이 환자를 실은 다음 말했어요.
앵앵이는 조심조심, 빨리 달리는 연습을 했어요.
그런 다음 산소통과 약상자를 챙기는 것도
잊지 않았지요.

한편 사다리차 윙윙은 생쥐네 사과 과수원에 있었어요.

윙윙은 생쥐와 함께 과수원을 돌아다니며 사과를 땄어요.

"위이잉, 위이잉, 철컥철컥!"

아무리 높은 곳에 있는 사과도 윙윙에게는 문제없어요.

"윙윙, 고마워!"

생쥐는 윙윙이 있어서 하나도 힘들지 않았어요.

일을 마치고 나서 생쥐와 윙윙은 사과를 나눠 먹었어요.

"윙윙, 다음에도 도와줘."

생쥐가 윙윙에게 부탁했어요.

"아작아작, 물론이지!

맛있는 사과를 따는 일이라면 언제든지 환영이야."

"째액째액, 짹짹짹!"
배가 빵빵해진 윙윙이 산길을 지나는데
어디선가 어미 새의 울음소리가 들렸어요.
나무 아래로 떨어진 아기 새를
둥지로 데려올 수 없어서 울고 있는 거예요.
"삐이-, 삐이-."
아기 새도 어미 새를 찾으며 울었어요.
"이런 일이라면 내가 나서야지."
윙윙은 아기 새에게 다가갔어요.
"아기 새야, 나한테 올라타. 내가 집에 데려다 줄게."
아기 새가 올라타자 윙윙은 사다리를 천천히 둥지까지 올렸어요.
"짹짹, 고마워요!"
어미 새는 윙윙에게 인사했어요.

"와아, 불자동차다!"
윙윙이 공터를 지나는데 아기 동물들이 외쳤어요.
윙윙은 아기 동물들이 자기를 알아보자
우쭐해져서 말했어요.
"얘들아, 나랑 그네 놀이 하자!"
윙윙은 사다리에 그네를 매단 뒤
아기 동물들을 태우고 흔들흔들 움직였어요.
"와, 세상에서 가장 큰 그네다!"
아기 동물들이 환호성을 질렀어요.

윙윙은 쭈르륵 쭉쭉 미끄럼틀도 됐다가,

휘익휘익, 멋진 구름사다리로도 변신했어요.

"와, 정말 멋져! 윙윙 최고야!"
아기 동물들이 신 나서 소리쳤어요.
윙윙은 한껏 우쭐했어요.
그래서 하루 종일
아기 동물들을 태우고
들로 산으로 놀러 다녔어요.

윙윙은 날이 저물고 나서야 소방서로 돌아왔어요.

"어휴, 어디 갔다 이제 오니? 그러다 불이 나면 어쩌려고."

슈슈가 이마를 찌푸리며 말했어요.

"헤헤. 어차피 불은 아주 가끔 나는걸, 뭐."

윙윙이 졸린 눈을 끔뻑이며 말했어요.

"훈련을 게을리하다 실수라도 하면 큰일이잖아."

슈슈가 걱정스럽게 말했어요.

"무슨 소리야? 난 실수 같은 거 하지 않아."

윙윙은 자랑스럽게 대답했어요.

아침이 되자마자 윙윙은 몰래 놀이터로 나갔어요.

아기 동물들과 또 놀기로 약속했거든요.

잠시 뒤, 소방서에 화재 신고가 들어왔어요.

"출동! 출동!"

모두 바삐 움직이며 출동 준비를 했어요.

"아니, 윙윙은 어디 있는 거야?"

염소 소방관이 윙윙을 찾았어요.

"안 되겠어. 시간이 없어."

결국 소방관들과 삐뽀, 앵앵, 슈슈만 출동했어요.

"삐뽀삐뽀!"

삐뽀는 연습한 대로 사이렌을 울리며 빠르게 달렸어요.

백화점에서 검은 연기가 치솟고 있었지요.

"쏴쏴, 쏴아악!"

슈슈가 높이높이 힘차게 물을 뿜었어요.

그때, 백화점 꼭대기에서 누군가 소리쳤어요.

"살려 주세요! 살려 주세요!"

아기 곰이었어요.

"아기 곰을 구해야 해. 사다리차는 어디 있는 거야!"

코끼리 소방관이 외쳤어요.

윙윙은 아기 동물들에게 마을 구경을 시켜 주고 있었어요.

아기 동물들은 사다리를 타고 높이 올라갔어요.

"어? 저기 백화점에서 연기가 나. 무슨 일이지?"

원숭이가 말했어요.

"어, 불이 났나 봐!"

옆에 있던 토끼가 말했어요.

"뭐라고? 불이 났다고?"

윙윙이 깜짝 놀라 소리쳤어요.

윙윙은 허둥지둥 백화점으로 달려갔어요.

그런 다음 아기 곰이 있는 곳으로 얼른 사다리를 올렸지요.

그런데 사다리가 흔들리면서 엉뚱한 곳으로 움직였어요.

"아, 훈련을 열심히 안 했더니……."

윙윙은 다시 사다리를 올렸어요.

"앗, 뜨거워!"

뜨거운 열기와 매운 연기가 몰려왔지만 윙윙은 꾹 참았어요.

간신히 사다리가 아기 곰이 있는 곳에 닿았어요.

윙윙은 천천히 사다리를 내렸어요.

"와, 윙윙이 아기 곰을 구했어. 윙윙 만세!"

그 뒤로 윙윙은 정말 많이 달라졌어요.

사과를 먹는 것도 좋고 친구들과 노는 것도 좋지만,

더 중요한 일이 있다는 것을 알았거든요.

윙윙은 훈련도 열심히 하고, 출동할 땐 가장 먼저 준비했어요.

가끔 일을 마치고 돌아올 때

혼자서 없어지는 때가 있긴 했지만요.

"삐뽀삐뽀!"

"부웅부웅, 빠빵!"

"애앵, 애앵, 애애앵!"

여러분, 불자동차가 지나가는 소리가 들리면 꼭 길을 비켜 주세요!

▶ 삐뽀삐뽀! 다양한 불자동차를 만나 보아요!

불자동차는 불이 나거나 위험한 사고가 났을 때 필요한 장비를 갖추고 있는 특별한 자동차예요. 하는 일이나 가지고 있는 장비에 따라서 이름과 모양이 다르지요. 삐뽀삐뽀! 불자동차가 출동할 때는 꼭 길을 비켜 양보해 주어야 해요.

소방 펌프차

물이나 화학 약품을 뿌려서 직접 불을 끄는 소방차예요. 물과 화학 약품을 뿜는 호스를 가지고 다니지요. 또 절단기 같은 작업 도구와 방화복이나 산소통 같은 안전 장비들도 갖추고 있어요.

통합 지휘차

불이 났을 때 가장 먼저 출동해서 소방차와 소방대원을 지휘하는 중요한 역할을 해요. 차가 막힐 때는 소방차가 빨리 지나갈 수 있도록 길을 열어 주는 일도 하지요. 구조 활동에 필요한 소화전의 위치나 건물의 정보를 가지고 있어요.

고가 사다리차

높은 건물에 불이 났을 때 출동해요. 사다리를 쭉 펴서 높은 곳에 난 불을 끄지요. 사다리를 펼치기 위해서는 넓은 공간이 필요하므로 높은 건물이나 아파트에는 사다리차를 주차할 수 있는 공간을 만들고 불이 나지 않아도 이 공간은 비워 둬요.

소방 헬리콥터

사다리차의 사다리가 닿지 않는 아주 높은 건물이나 산불처럼 소방차가 불을 끄기 어려운 곳에 불이 났을 때 출동해요. 또 응급 환자를 옮기거나 홍수나 지진 등의 재난이 발생했을 때 사람들을 구조하는 일도 하지요.

화학소방차

전기 발전소나 주유소, 기름을 가득 실은
유조선 등에서 난 불은 물로 끄기 어렵고
물 때문에 더 위험한 사고가 생길 수 있어요.
그럴 땐 가루로 된 화학 약품이 가득 실린
화학소방차가 출동해요.

구급대 오토바이

응급 환자에게 구급차보다
빠르게 출동하기 위해 만들어
진 오토바이예요. 환자에게
응급 처치를 하고 구급차가
환자를 병원으로 옮길 수 있게
도와주지요. 간단하게 사용할
수 있는 응급 장치를 가지고
다녀요.

조명차

캄캄한 밤에 불을 끄거나 사람들을 구조할 때
는 소방대원들이 일하기 쉽도록 주변을 환하게
밝혀 줘요. 특히 전기가 들어오지 않는 곳이나,
홍수, 지진 등으로 전기가 끊긴 곳에서 구조
활동을 할 때 반드시 필요해요.

구조 공작차
불이 나거나 여러 가지 사고가 나서 출동할 때
필요한 장비를 가지고 다녀요. 불이 났을 때
필요한 산소통이나 철을 자르는 절단기, 높은
곳에서 떨어지더라도 다치지 않게 도와주는
에어 매트 등이 가득 실려 있지요.

물탱크차
물탱크차는 소방 펌프차를
도와주는 차예요. 소방 펌프차는
여러 가지 장비를 싣고 다니기
때문에 물의 양이 적지요.
물탱크차는 커다란 물탱크에
물을 가득 싣고 다니다가
소방 펌프차에 물이 부족하면
물을 넣어 준답니다.

구급차
다친 사람에게 응급 처치를 해 주고
환자를 병원으로 옮겨 주는 일을 해요.
급한 환자가 있을 때 119에 전화하면
구급차가 출동하지요. 산소 호흡기 같은
응급 장치와 응급 약품을 싣고 다녀요.

또박또박 쓰기 100

평생을 좌우하는 글씨를 처음부터 바르게 쓰는 습관을
길러 주는 똑똑한 쓰기 책이에요. 글씨 쓰기가 쉬워질수록
아이의 학습 능력도 쑥쑥 자라난답니다.

또박또박 한글쓰기 단어 100

또박또박 한글쓰기 의성어·의태어·상대어 100

또박또박 영어쓰기 단어 100

또박또박 한자쓰기 100

또박또박 교과서 받아쓰기 100

■ 222×300mm / 120~128쪽 / 각 권 8,500원

한 권으로 읽는 시리즈

초등학교 입학 전에 꼭 읽어야 하는 안데르센 동화, 전래 동화, 이솝 이야기 등을 각각 한 권의 책으로 알차게 엮었어요. 아이들의 정서를 풍부하게 살찌우는 이야기 12~50편이 한 권에 모두 실려 있답니다.

안데르센

교과서 전래 동화

이솝 이야기

탈무드 이야기

삼국유사

성경 이야기

한국을 빛낸 위인

세계를 바꾼 위인

그리스 로마 신화

세계 명작

세계 전래 동화

아라비안나이트

셰익스피어

모험 이야기

■ 220×250mm / 208~256쪽 / 각 권 15,000원

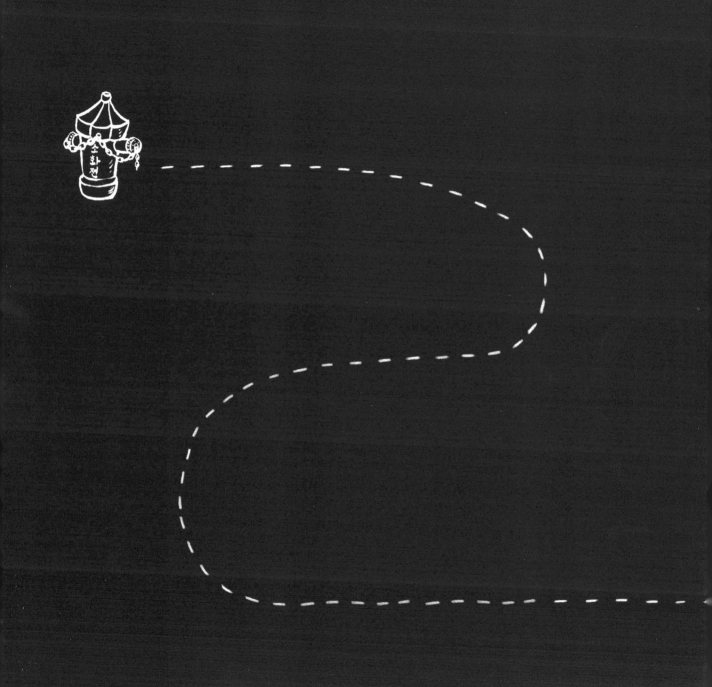